Desarrollo psíquico

Guía para principiantes para desarrollar habilidades psíquicas

Lauren Lingard

Índice

Introducción: Historia del desarrollo psíquico

La palabra "psíquico" viene del griego "*psychikos*" ("de la mente" o "mental") y habla de la mente o psique humana. Esta palabra griega en particular también puede significar "alma". En la mitología griega, la doncella Psique personificaba y deificaba el alma humana. El derivado latino de "psique" procede de la palabra griega "psyche", que significa "aliento", y viene de "psychein", que significa "respirar" o "soplar".

El astrónomo y espiritista francés Camille Flammarion es conocido por haber sido el primero en utilizar la palabra "psíquico", mientras que más tarde la introdujo en la lengua inglesa Edward William Cox en la década de 1870.

Los primeros sistemas de adivinación se introdujeron en la antigüedad. El sistema más conocido de adivinación primitiva era la astrología, en la que quienes la practicaban creían que la posición de los orbes celestes podía proporcionar una visión futura o presente de sus vidas. Algunos adivinos también eran capaces de hacer predicciones sin utilizar ninguno de estos sistemas. Afirmaban ser capaces de predecir el futuro a través de visiones u otro tipo de medios directos. A este tipo de individuos se les conocía como videntes o profetas, y más tarde se les denominó clarividentes (que es la palabra francesa para "vista clara" o "visión clara") y psíquicos.

Sin embargo, los videntes también desempeñaron un papel vital en la civilización primitiva, ya que actuaban como consejeros, sacerdotes y jueces. La Biblia recoge varios casos. El libro de 1 Samuel (capítulo 9) lo describe cuando se le pide a Samuel que encuentre los asnos del futuro rey Saúl. La función profética apareció de forma constante en todas las culturas antiguas. En Egipto, por ejemplo, los sacerdotes de la deidad solar Ra en Menfis se comportaban como videntes. En la antigua Asiria, los videntes eran conocidos como "*nabu*", que significa "llamar" o "anunciar".

El Oráculo de Delfos es una de las historias más antiguas y clásicas sobre la capacidad profética. Se cree que Pitia, la sacerdotisa que presidía el Templo de Apolo en Delfos, era capaz de elaborar profecías inspiradas por Apolo durante los rituales que se iniciaron en el [th]siglo VIII a.C. A menudo se piensa que Pythia formulaba oráculos en un estado mental frenético, inducido por los vapores que se elevaban desde el suelo, y que hablaba en un galimatías, que se creía que era la voz de Apolo, y que los sacerdotes remodelaban en las misteriosas profecías que se contemplaban en la literatura griega. Muchos estudiosos creen que los registros de la época sugieren que Pitia hablaba de forma clara e inteligible, proporcionando profecías con su voz. Pitia era un cargo que era servido por una sucesión de mujeres que más que probablemente eran elegidas de entre un grupo de sacerdotisas del templo. La última respuesta de la que se tiene constancia se produjo en el año 393 d.C., momento en el que el emperador Teodosio I ordenó la destrucción de los templos paganos. Investigaciones geológicas más recientes sugieren que tal vez el gas etileno provocó el estado de inspiración de Pitia.

Uno de los hallazgos históricos más significativos en relación con las capacidades psíquicas es la capacidad profética de Michel de Nostredame. Nostredame fue un boticario y vidente francés que escribió colecciones de profecías que se han hecho famosas a nivel mundial. Es más conocido por su libro *Les Propheties*, que apareció por primera vez en 1555.

A mediados del siglo XIX, el espiritismo moderno se hizo muy conocido en Estados Unidos y el Reino Unido. El rasgo más distintivo del movimiento era la creencia de que los espíritus de los muertos podían ser contactados por los médiums para proporcionar una visión del mundo de los vivos. El movimiento se vio especialmente impulsado por las anécdotas de poderes psíquicos. Se creía especialmente que Daniel Dunglas Home tenía habilidades psíquicas, y ganó influencia durante la época victoriana por su capacidad para hablar con los muertos y levitar.

Mientras el movimiento espiritista crecía, también lo hacían otros grupos, como la Sociedad Teosófica, cofundada en 1875 por Helena Biavatsky. La teosofía, unida a los elementos espiritistas del misticismo oriental, fue influyente a principios del thsiglo XX, y más tarde influyó en el movimiento de la Nueva Era a lo largo de la década de 1970.

A finales del siglo XX, los psíquicos se relacionaban más con la cultura de la Nueva Era. Las lecturas psíquicas y la publicidad de los psíquicos se popularizaron a partir de la década de 1960, ya que las lecturas se realizaban a cambio de una tarifa y a domicilio, por teléfono o en ferias.

Capítulo 1: Habilidades psíquicas y cómo desarrollarlas

Como práctica, el fenómeno de las habilidades psíquicas ha sido comúnmente cuestionado por la sociedad, la ciencia y la cultura en su conjunto. Sin embargo, hay casos en los que cualquier tipo de talento psíquico percibido puede considerarse un verdadero don espiritual o una llamada de una fuerza sobrenatural. Dado que la ciencia y la espiritualidad están frecuentemente en desacuerdo, puede ser difícil para los pensadores de mentalidad científica, más racionalistas, aceptar cualquier tipo de habilidad psíquica, pero hay ocasiones innegables en las que los psíquicos han proporcionado información verdadera, precisa y factual. Aunque las fuentes pueden ser desconocidas para los científicos (o para los propios psíquicos), los dones psíquicos son, sin embargo, reales, y se conocen como

- Clarividencia: también conocida como "visión clara", esta habilidad particular implica la percepción de visiones en el tercer ojo (ojo de la mente situado en el centro de la frente). Los médiums clarividentes ven imágenes que destellan mentalmente en forma de personas, escenas, lugares, objetos, espíritus, símbolos, colores, etc.

- Clariaudiencia: también conocida como "oído claro", es el don de escuchar mensajes del reino espiritual divino. Los mensajes provienen de este reino y se transmiten directamente a la mente. A veces, las voces pueden gritar nombres específicos o mensajes que son similares a escuchar mensajes mixtos en una radio.

- Clairempatía: también conocida como "empatía", o por mostrar niveles extraordinarios de empatía. También incluye percibir o sentir las emociones de otros individuos o de los espíritus. Los médiums empáticos pueden detectar fácilmente las emociones de los demás, como la felicidad, la alegría, la tristeza, la ira y el miedo.

• Clairsentience: también se conoce como tener fuertes sentimientos viscerales o intuición, y se relaciona con ser un empático en algunos aspectos. Con esta habilidad, uno será capaz de experimentar tanto las emociones positivas como las negativas de los demás. Los sentimientos suelen ser transmitidos por guías espirituales y difieren mucho de las propias emociones.

• Clairaliencia: el don de ser capaz de detectar olores o aromas que se transmiten desde el reino espiritual. Normalmente, los demás individuos de la sala no pueden oler estos olores. Puede tratarse, por ejemplo, de un mensaje de un espíritu relacionado con un olor concreto (como el olor a tabaco de una persona que fumaba mucho en vida).

• Clairgustance: la capacidad de "saborear" los mensajes que nos transmiten los guías espirituales. Los espíritus son capaces de transmitir comportamientos o influencias de personas pasadas en nuestras vidas y, a veces, puede venir en forma de gustos o sabores. Normalmente, esto vendrá en forma de algo que esta persona apreciaba mientras estaba viva.

• Clairtangencia: también conocida como psicometría, significa que se transmitirá un mensaje si se toca o se sostiene un objeto en las manos. Una persona con esta habilidad suele detectar información sobre los individuos que alguna vez vivieron y poseyeron estos objetos en particular.

Esencialmente, se piensa que todo el mundo tiene algún tipo de habilidad psíquica; todo depende de si uno quiere refinar o desarrollar estas habilidades o dones/sentidos. Son similares a los cinco sentidos que observan el mundo físico, pero se relacionan con cosas que ocurren en el mundo espiritual. Algunos ejemplos de sentidos psíquicos que actúan en el mundo que nos rodea son: ser conscientes de que alguien nos va a llamar, pensar en alguien y encontrarnos con él o ella en breve, soñar con acontecimientos que luego ocurren en la realidad, y conocer a alguien y tener un sentimiento sobre él o ella que luego se autentifica.

Para desarrollar nuestras habilidades psíquicas, primero debemos, como se mencionó anteriormente, llegar a la comprensión de que todos estamos inherentemente bendecidos con algún tipo de habilidad psíquica. Es importante tener en cuenta que no estamos aprendiendo nada nuevo, sino que estamos reabriendo estas habilidades desde donde habían estado escondidas dentro de nosotros. Los sentidos psíquicos están vinculados a las partes intuitivas, creativas y empáticas de nuestro cerebro (el lado derecho), así que si queremos aprovechar estos sentidos, tenemos que silenciar los aspectos más analíticos, lógicos y matemáticos de nuestro cerebro (el lado izquierdo). Si pasamos el tiempo pensando en exceso o siendo demasiado lógicos, entonces dominamos nuestro sentido del "conocimiento interior" o sexto sentido que todos poseemos de forma inherente.

Una de las formas más desafiantes, aunque eficaces, de fortalecer nuestras capacidades psíquicas es la meditación. La meditación es un calmante para el estrés, pero también es una forma de mejorar la sensibilidad de los distintos sentidos "clair". La energía puede considerarse el "lenguaje del espíritu", y pasar tiempo contemplando nuestros pensamientos, sentimientos y sueños puede permitirnos entrar en contacto con nuestras capacidades psíquicas. Cuando pasamos tiempo reflexionando sobre la vida y nuestro propio ser espiritual de una manera profunda y empoderada, permitimos que nuestros lados intuitivos y emocionales se comuniquen y sean escuchados por el mundo que nos rodea.

En un sentido externo, estar en la naturaleza eleva nuestras vibraciones (la sensación de estar más ligeros, más felices y más sintonizados espiritualmente), y para conectar con el mundo espiritual, se anima a los psíquicos a permanecer en este estado de alta vibración. Una meditación a pie por el bosque, por ejemplo, ayudará a nuestros sentidos psíquicos a prestar más atención a los diminutos sonidos de las energías de los árboles, las plantas y los animales. Los cristales también tienen vibraciones muy altas, y hay cristales específicos que son utilizados por los psíquicos para mejorar sus sentidos psíquicos y canalizar la energía para abrirse al mundo espiritual. Algunas formas de sintonizar con las energías y vibraciones espirituales son sostener, llevar, meditar o dormir con cristales. Algunos de los tipos de cristales que existen son: cristales de alta vibración (claros, violetas, índigos y colores más claros) como el cuarzo claro, la amatista, la selenita o el lapislázuli. Cristales de tierra (naranja, rojo, negro y tonos más oscuros) como la turmalina negra, el cuarzo ahumado, el jaspe y el rubí.

Otra forma de sintonizar con nuestras habilidades psíquicas es utilizar meditaciones de respiración. A menudo se hace referencia a la respiración como la "fuerza vital", por lo que es importante que sepamos respirar correctamente (a través del diafragma y no del pecho). Las meditaciones de respiración nos permiten profundizar en nuestro cuerpo, pero también centrarnos y sentirnos más arraigados.

Las meditaciones hemisync y binaurales también son tipos de meditaciones que pueden potenciar las capacidades psíquicas. Pueden describirse como ondas sonoras que activan determinadas funciones dentro del cerebro.

La ayuda de los espíritus también puede permitirnos alcanzar reinos superiores de conciencia psíquica. Sin embargo, es crucial pedir protección antes de abrirnos a cualquier tipo de fuerza sobrenatural. Existen ciertas meditaciones para conocer a nuestros guías espirituales. Cuando establezcamos relaciones con estos guías espirituales, llegaremos a conocer a los que son capaces de ayudarnos en el desarrollo psíquico y en otras áreas similares.

Capítulo 2: Cómo despertar el Tercer Ojo

Para cualquier tipo de desarrollo psíquico, es importante saber cómo abrir el tercer ojo, dado que el tercer ojo nos permite ver y percibir el mundo espiritual con mayor claridad. El tercer ojo, al igual que la posesión de un sexto sentido, está conectado con nuestro nivel de percepción, conciencia y comunicación espiritual. También se le conoce como chakra, ya que es uno de nuestros 7 centros energéticos en forma de rueda que están repartidos por todo el cuerpo. El chakra del tercer ojo es el que más influye en la sensación de bienestar y percepción. Se cree que este chakra en particular está situado en el centro de nuestra frente, y que, cuando se abre, se vincula con las cualidades de sabiduría, perspicacia y conexión espiritual. No existen pruebas científicas concretas que respalden estas afirmaciones, pero, sin embargo, muchas culturas y tradiciones siguen creyendo en este fenómeno.

Cuando se trata de tener un despertar del tercer ojo, debemos considerar todas las cualidades con las que se asocia el tercer ojo. Comúnmente, el tercer ojo está vinculado con las características de: claridad, concentración, imaginación, intuición, percepción espiritual y conexión universal. Se cree que este chakra en particular está conectado a la glándula pineal, que es una glándula del tamaño de un guisante con forma de piña, situada en el cerebro de los vertebrados, cerca del hipotálamo y la glándula pituitaria.

Además, se considera que la glándula pineal es muy respetada en muchas culturas y que desempeña un papel muy importante. Por ejemplo, en la filosofía ayurvédica, el tercer ojo está representado por el chakra Ajna. En el antiguo Egipto, el símbolo del ojo de Horus refleja la ubicación de la glándula pineal en el perfil de la cabeza humana. La glándula pineal se considera el equivalente físico o biológico del chakra espiritual/energético del tercer ojo. Esta glándula también emite la sustancia química de la melatonina, que tiene un gran impacto en los ritmos circadianos y las hormonas reproductivas. Los estudios demuestran una conexión entre la glándula pineal y la DMT (N, N-dimetiltriptamina), según una revisión de investigación de 2019. La sustancia química es, a veces, denominada "la molécula del espíritu" o "la sede del alma", ya que está muy vinculada a su relación con la conciencia.

Si nuestro tercer ojo está bloqueado, esto podría dar lugar a una enorme cantidad de problemas potenciales, aunque aparentemente no sean aparentes al principio. Entre ellos: confusión, incertidumbre, falta de propósito y cinismo. Sin embargo, cuando el tercer ojo se abre de forma saludable, el resultado es la claridad mental, la mejora de la concentración, la expresión clara de uno mismo, el fortalecimiento de la intuición, la sensación de felicidad, la decisión y la perspicacia.

El tercer ojo ha sido un tema de máxima discusión en el campo de la parapsicología, que es el estudio de los fenómenos mentales inexplicables. Algunos individuos creen que, cuando el tercer ojo está abierto, se comporta como una puerta directa para la comunicación espiritual. La comunicación espiritual puede incluir la telepatía, la clarividencia, los sueños lúcidos, la proyección astral y la percepción del aura

Hay muchas ideas y creencias contradictorias sobre cómo abrir el tercer ojo. Algunas culturas y tradiciones creen que es importante abrir y entrar en contacto con todos los demás chakras antes de abrir el tercer ojo. A su vez, esta acción nos enraizará y nos permitirá experimentar las percepciones de la conciencia superior.

Para abrir el tercer ojo, podemos probar las siguientes tácticas: activar el tercer ojo; complementar nuestra dieta; aplicar aceites esenciales; mirar al sol; meditar y cantar; y utilizar cristales.

Un ejemplo de cómo podemos abrir nuestros chakras del tercer ojo es mediante ejercicios de activación. Puedes empezar enviando gratitud a tu tercer ojo por tus habilidades intuitivas innatas y tu conexión con la naturaleza que el tercer ojo gobierna. Otra forma en que podemos abrir nuestros chakras del tercer ojo es cambiando nuestra dieta. Algunos alimentos que puedes incluir en tu dieta son: cacao crudo, bayas de goji, ajo, limón, sandía, anís estrellado, miel, aceite de coco, semillas de cáñamo, cilantro, ginseng y vitamina D3.

La aplicación de aceites esenciales es otra forma de abrir el chakra del tercer ojo. Los aceites específicos que más se recomiendan son el jazmín, el limón y el sándalo.
Además, la práctica del sungazing puede permitirnos mejorar nuestras conexiones espirituales y, por lo tanto, permitir que nuestro tercer ojo se abra. Se trata de un método de meditación que incluye mirar fijamente al sol, normalmente al amanecer o al atardecer, y que potencia nuestra claridad mental y energía. Mira suavemente al sol durante los primeros minutos del amanecer y los últimos minutos del atardecer para ayudar a despertar tu tercer ojo.

Se ha demostrado que el canto de mantras puede ayudar a crear una sensación de profundo aprecio y paz interior. También puede ayudar a abrir el chakra del tercer ojo. La meditación activa la glándula pineal a través de la vibración y la intención. Considera la posibilidad de visualizar la glándula pineal llenándose de energía mientras meditas.

El uso de cristales puede hacer que tengamos un despertar del tercer ojo, además de poseer cualidades curativas. Utilice cristales y piedras preciosas en la paleta de colores púrpura, índigo y violeta. Esta paleta de colores está estrechamente asociada con el chakra del tercer ojo. Algunos cristales específicos que pueden utilizarse para la activación del tercer ojo son: amatista, zafiro púrpura, turmalina púrpura violeta, rodonita y sodalita. Los cristales pueden situarse entre o por encima del entrecejo durante los momentos de meditación.

Aunque la activación del tercer ojo puede llevar mucho tiempo, no existe un marco temporal específico o un límite de tiempo durante el cual se produzca este acontecimiento. Como principio universal, "la práctica hace la perfección". Intenta dedicar un tiempo cada día a despertar tu tercer ojo. Puede elegir comenzar con uno solo de los métodos mencionados aquí, o puede intentar combinar varios de ellos. Todos contribuirán a despertar tu chakra del tercer ojo. Este proceso puede llevar algo de tiempo y dedicación, así que la paciencia es la clave.

Capítulo 3: El arte de la mediumnidad psíquica

En el mundo de lo oculto, y especialmente en el de la videncia, hay algunos individuos que son capaces de comunicarse con los espíritus y, en particular, con los difuntos. Estas personas son conocidas como médiums. Suelen estar en comunión con este tipo de espíritus mientras están en estado de trance, y los médiums espiritistas son la principal influencia durante las sesiones de espiritismo. Durante cualquier tipo de sesión, se cree que las voces incorpóreas hablan, ya sea directamente o a través del médium. La manifestación de un espíritu incorpóreo o de una parte particular del cuerpo humano puede tomar forma a partir de una sustancia llamada ectoplasma que proviene del cuerpo del médium y luego se aleja volviendo a su fuente original. En determinados momentos, el médium, o el objeto tangible, puede parecer que flota en el aire por medio de la levitación.

Si bien hay cierta coincidencia entre ser psíquico y ser médium, hay diferencias esenciales entre ambos. Ser vidente no implica ser médium, pero todos los médiums son vidente.

Los psíquicos son capaces de "sintonizar" la energía de las personas u objetos sintiendo, viendo o percibiendo partes del pasado, el presente o el futuro de los demás. Los psíquicos dependen de sus sentidos de intuición para acumular información sobre lo que se lee o comunica.

Los médiums, por otro lado, van un poco más allá. Hacen lo mismo que los psíquicos, ya que también ven elementos del pasado, el presente y el futuro de las personas, pero además sintonizan con la energía espiritual que les rodea. Los médiums se basan en la energía intangible que va más allá de ellos mismos con el fin de descubrir la información para las personas que están haciendo la lectura. Hay muchos tipos diferentes de médiums, incluyendo los médiums mentales, los médiums intuitivos, los médiums espirituales, etc. A veces, pueden comunicarse con los guías espirituales, los ángeles y los difuntos a través de la telepatía.

Un médium es esencialmente alguien que es capaz de comunicarse con las almas del otro lado.

Hay muchas formas en las que los médiums pueden comunicarse con los difuntos. Algunos eligen someterse a una forma de posesión, actuando como un recipiente para aquellos espíritus que necesitan una forma humana para comunicarse con este mundo. Algunos interactúan con los espíritus tan claramente como lo hacen con los de este plano físico.

Durante una lectura mediúmnica, el médium en cuestión se conectará con sus seres queridos del otro lado. Entonces el médium percibirá, a través de la clarividencia, al individuo que está pasando para comunicarse. Observará los rasgos físicos, la vestimenta o cualquier otra evidencia de la persona que está atravesando.

Otra categoría de lectura en la que algunas personas invierten es una "evaluación del alma espiritual". Es esencialmente una lectura que nos dice hacia dónde desea llevarnos nuestro viaje de vida, a un nivel profundo del alma, basado en nuestros dones y llamados. En este tipo de lectura, podemos descubrir los bloqueos que nos han impedido alcanzar nuestro máximo potencial, así como el siguiente mejor movimiento para nuestros caminos de vida. Esta lectura nos permite evolucionar y acercarnos a la realización de nuestro potencial vital, así como darnos los pasos específicos que podemos dar para mantenernos fieles al propósito de nuestra vida.

Capítulo 4: El Reiki y otras modalidades de curación

Si bien es importante, como se mencionó anteriormente, distinguir el arte de ser psíquico de otros aspectos de la espiritualidad y su fenómeno relacionado, hay cierta superposición entre ciertas habilidades y capacidades espirituales. Por ejemplo, el tema de la energía del reiki y otras modalidades de curación tienen un gran peso en el mundo psíquico, aunque no se limita a ello.

Al entender el reiki, es importante tener en cuenta que la conexión mente-cuerpo es naturalmente armoniosa. Cuando el equilibrio se vuelve disfuncional de alguna manera, pueden surgir enfermedades. Un enfoque particular de la curación con reiki se conoce como Mind-Body Bridging, que busca devolver una mejor conexión entre la mente y el cuerpo físico. Se basa en la idea de que podemos aprender a utilizar nuestros pensamientos para influir positivamente en las respuestas físicas del cuerpo.

A los ojos de algunos practicantes de reiki, la mente, el cuerpo y el espíritu existen aislados unos de otros, y por lo tanto, operan independientemente unos de otros. Entender este principio es crucial para llegar a comprender la verdadera naturaleza del reiki.

El Reiki puede describirse como un método holístico japonés para la reducción del estrés, la relajación y la curación espiritual. También puede ser una forma de conectar con el poder superior de uno mismo y una manera de aprovechar las capacidades psíquicas. "Rei" significa "conocimiento superior, conciencia espiritual" y "ki" significa "energía vital". En general, el reiki puede considerarse una energía vital guiada espiritualmente.

Siempre que hay algún tipo de constricción con el flujo de energía dentro de nuestros cuerpos o espíritus, el reiki se esfuerza por restaurarlo.

El Reiki se realiza normalmente tumbado o en una silla de masaje, y las manos se colocan sobre el cuerpo del cliente o por encima de él. Los pacientes están completamente vestidos, y dependiendo de lo que el paciente sea capaz de soportar, elegirá una duración apropiada para una sesión.

Cualquiera puede utilizar el poder curativo del reiki, y no interfiere con ningún medicamento prescrito por los médicos. Las personas también pueden utilizar el reiki para curarse a sí mismas, con la formación de un maestro de reiki. Por lo general, se toman clases, durante las cuales se aprenden varias posiciones de las manos que se utilizan tradicionalmente.

Algunas de las condiciones comunes que el reiki pretende tratar son: cáncer, enfermedades del corazón, ansiedad, depresión, dolor crónico, infertilidad, trastornos neurodegenerativos, autismo, enfermedad de Crohn, síndromes de fatiga, etc.

Para convertirse en un practicante de reiki, no se requiere ninguna formación, educación o experiencia previa. Durante este proceso, se produce una "sintonización de energía", y se dice que es una "poderosa experiencia espiritual". Se cree que el maestro transmite la energía de sintonización y los métodos de curación al estudiante.

Aunque la formación en reiki puede variar, la mayoría de los estudiantes aprenden sobre: las energías que rodean el cuerpo, cómo trabajar con la energía curativa y la ética del trabajo con los clientes. Para prepararse para la sintonización, el estudiante puede ayunar durante dos o tres días, centrarse en la naturaleza o liberar emociones negativas. Hay tres niveles de maestría, y los que alcanzan el nivel de "Maestro" pueden enseñar a otros, realizar curaciones a distancia, etc.

En cuanto al aspecto psíquico del reiki, hay ciertos practicantes de reiki que eligen comunicarse con maestros ascendidos, ángeles y guías espirituales. Este tipo de practicantes suelen pedir a sus ángeles consejo o guía con respecto a sus clientes antes de su llegada. Estos maestros de reiki pueden sacar algunas cartas de ángeles o de tarot de antemano, y recibir de buen grado mensajes relativos a sus clientes sobre cualquier asunto o preocupación que sea apremiante. Entonces los clientes pueden aplicar estos mensajes a sus sesiones de reiki en la mesa, mientras reciben la energía curativa que se transmite desde una fuente superior, al maestro de reiki, y luego al cliente.

Capítulo 5: Lecturas psíquicas desde una lente adivinatoria

La adivinación es otro aspecto del mundo psíquico que nos permite llegar a una mayor comprensión de nosotros mismos y del mundo que nos rodea. Puede definirse como "la práctica de determinar el significado oculto o la causa de los acontecimientos, a veces prediciendo el futuro, mediante diversas técnicas naturales, psicológicas y de otro tipo". Descubierta tanto en las sociedades antiguas como en las modernas, la adivinación se asocia con los horóscopos, la astrología, la observación de los cristales, las cartas del tarot y la tabla Ouija.

Según la cultura y el sistema de creencias romanos, la adivinación estaba asociada a la búsqueda de la voluntad de los dioses. Pero hoy en día, los estudiosos no restringen la palabra a su significado de raíz. La adivinación es mucho más que conocimiento; requiere intuición, pero existe simplemente como una herramienta para guiarnos en nuestros caminos, y nunca debe tomarse al pie de la letra. La práctica de la adivinación es, en algunas sociedades, algo que mucha gente utiliza regularmente, pero normalmente no para determinar la voluntad de los dioses. La adivinación se practica con mayor frecuencia en el mundo occidental moderno a través de la astrología horoscópica, pero otros tipos fueron y siguen siendo igualmente importantes en otras culturas.

La práctica de la adivinación suele estar vinculada a cuestiones prácticas, pero no siempre se consigue por medios ordinarios o naturales. Formamos parte del mundo natural, pero a través de la adivinación podemos obtener información que forma parte del mundo sobrenatural. Puede tratar una gran variedad de temas, pero normalmente, durante una lectura adivinatoria, se hacen preguntas a las cartas o a otro medio similar, y el lector revelará la respuesta a través de lo que revelan las cartas. Hay muchos métodos, actitudes y estilos de varios lectores; algunos lectores serán más serios, mientras que otros serán más casuales en el estado de ánimo o en la naturaleza.

La naturaleza de la adivinación depende en gran medida de los motivos de los adivinos en cuestión. No es adecuado decir que la información que se busca en las lecturas está destinada a disminuir la incertidumbre, a echar culpas o a superar acontecimientos desafortunados. Hay dos categorías principales de lecturas adivinatorias, y son: información general sobre el futuro, y cierta información relativa al pasado en relación con el futuro.

Por lo general, los clientes acuden al consejo de los adivinos cuando no están seguros de la línea de acción que deben seguir en sus vidas. Buscan consejo, ya sea por enfermedad, sequía, miedo a la muerte; cuando hay sospechas de malevolencia, robo o falta de fe; cuando los sueños u otros síntomas son inquietantes, o los signos de los tiempos parecen malos. La adivinación tiene en cuenta estos motivos de preocupación y averigua cómo resolverlos. El adivino suele comportarse como alguien que revela temores o motivos ocultos, así como posibles resultados futuros. Aunque la interpretación de las lecturas puede considerarse a veces arbitraria, se han considerado, sin embargo, recursos fiables para quienes necesitan orientación.

Hay muchas formas y tipos de adivinación, algunas más fáciles de percibir que otras. La adivinación inductiva utiliza medios no humanos, ya sean artificiales o naturales, como signos capaces de ser leídos explícitamente. Parece que este tipo de signos y adivinaciones son más auténticos que los demás.

Este método particular de adivinación implica mirar al cielo, leer las señales del tiempo y el movimiento de las aves. Además, se consideraba que los rayos eran un mensaje discernible que había sido transmitido por los dioses.

El augurio, el acto de interpretar los presagios, es un ejemplo de adivinación inductiva. Puede definirse como el intento de descubrir la voluntad divina en los fenómenos de la naturaleza animada. La adivinación inductiva también está relacionada con la lectura de acontecimientos artificiales, como el movimiento del humo de los sacrificios, la caída de una flecha lanzada hacia arriba o el lanzamiento de dados.

La adivinación interpretativa utiliza fenómenos no humanos con acción humana, tomando dispositivos tan complejos, sutiles o fluidos que se necesitan los dones del adivino para comprender el significado de la lectura. Dentro de esta categoría, la adivinación parece convertirse en la más dramática.

La adivinación interpretativa es, en esencia, la lectura de presagios, augurios o prodigios. Para un individuo científico o lógico, ningún acontecimiento ocurre sin una razón. Pero parece que los acontecimientos arbitrarios o aleatorios ocurren incluso en un mundo estructurado, y estos acontecimientos también están sujetos a la interpretación. Los acontecimientos manipulados son un aspecto de la adivinación interpretativa, pero los tipos menos activos se basan en la proyección, la introyección y la asociación libre. Por lo tanto, en cierta medida, están vinculados a los métodos intuitivos.

La piromancia, que es la adivinación por medio del fuego, se considera una de las formas más dramáticas de adivinación. Durante este proceso, se arrojan objetos al fuego y se interpretan los signos en función de su combustión. La hidromancia (adivinación por el agua), en cambio, es mucho menos dramática. Consiste en leer los reflejos de una superficie poco profunda, de forma similar a como lo haría un observador de cristales, así como en leer los movimientos de objetos flotantes, de forma similar a como lo haría un lector de hojas de té.

Otras prácticas relacionadas son la cleromancia (adivinación por suertes) y la geomancia (lanzamiento de objetos sobre un mapa o figura dibujada en el suelo).

La adivinación intuitiva suele recurrir con menos frecuencia a la artificialidad, excepto cuando se necesita un efecto dramático. Los adivinos pueden, por ejemplo, hacer uso de otras voces, en el sentido de que son capaces de hablar por la boca de otros dioses o espíritus. En ocasiones, pueden ser inducidos por drogas o por métodos autocinéticos (autoenergéticos), como el temblor de las manos. La adivinación intuitiva también está asociada a los trances, a la expresión oracular y a la posesión de espíritus.

Capítulo 6: El mundo psíquico desde una lente astrológica

Otro tipo de adivinación que puede estar muy vinculado al mundo psíquico es el de la astrología. Esencialmente, la astrología puede definirse como un tipo de adivinación que implica la predicción de los acontecimientos terrestres y humanos mediante la observación e interpretación de las estrellas fijas, el Sol, la Luna y los planetas. Los verdaderos creyentes en la astrología piensan que el impacto de los planetas y los astros en los asuntos terrestres les permite tanto predecir como influir en los destinos de individuos, grupos y naciones. En el pasado, la astrología era muy apreciada y venerada como ciencia, pero hoy en día se considera que contrasta con la ciencia occidental moderna.

La astrología es, en esencia, una técnica de predicción de cualquier tipo de acontecimiento basada en la idea de que los cuerpos celestes (en particular, los planetas y las estrellas, también conocidos como constelaciones) son capaces de dictar los cambios que se producen en el mundo temporal.

Hay un papel específico de lo divino que se cree que juega un papel en la teoría astrológica. Pero en algunos aspectos de la astrología no hay una ciencia exacta, y puede cambiar dramáticamente por voluntad divina o humana.

El objetivo principal de la astrología es notificar al individuo información basada en las posiciones de los planetas y los signos zodiacales en el momento de su concepción. De esta ciencia particular, denominada gentilogía (reparto de natividades) surgieron los métodos fundacionales de la astrología. Las subdivisiones de la astrología son: general, catártica e interrogativa.

La astrología general toma nota de los movimientos entre los momentos celestes (por ejemplo, las épocas de los equinoccios de primavera, los eclipses o las conjunciones planetarias) para el conjunto de la humanidad, incluidos los grupos sociales y todas las naciones.

La astrología catártica descubre si un momento elegido en la astrología apoya o no la acción que hay detrás. En otras palabras, permite que el individuo se comporte durante los momentos que son astrológicamente favorables y que, por lo tanto, evite cualquier fracaso que pueda predecirse o preverse.

La astrología interrogativa ofrece respuestas a las preguntas del cliente en función de la situación de los cuerpos celestes en el momento de formularlas. Este método es de naturaleza más adivinatoria que las otras formas de astrología, por lo que se basa más en la lectura de los presagios y la voluntad divina.

En el fondo, la astrología respalda la creencia de que, puesto que seguimos formando parte de la historia del Universo, nuestro momento de nacimiento que ha quedado registrado en el reloj celeste es bastante significativo. Los planetas siguen moviéndose en conjunción con las energías "fijas en el tiempo" de nuestras cartas natales.

La astrología se considera una herramienta importante para el autodescubrimiento. Aunque, a veces, la vida parece una serie de sucesos o coincidencias al azar, en realidad es una señal de que las cosas en la vida pueden suceder por una razón, y que hay más propósito en nuestras vidas de lo que podríamos imaginar. Puede arrojar luz sobre las fortalezas internas, así como sobre los puntos que deben mejorarse. La astrología se comporta como un método de comprensión del ser que nunca deja de proporcionar capas y capas de perspicacia, conocimiento e intuición.

La clave para comprender la astrología está en saber que hay varios tipos de sabiduría, y que la astrología sólo abarca uno de ellos. Hay tres aspectos en todas las cartas natales: planeta, signo y casa. En el ámbito de la astrología se produce una mezcla que implica a los tres aspectos. A medida que aprendamos más sobre los tres aspectos, llegaremos a una comprensión mucho más sólida de lo que nos depara cada lección de vida, en particular lo que está dentro de nuestras cartas natales específicas.

En cuanto a los planetas de la astrología, hay tres aspectos individuales principales incluidos en ella: el sol, la luna y el ascendente. Nuestro signo solar puede entenderse como nuestra "vitalidad", nuestra energía yang y nuestra voluntad. Es la forma en que nos presentamos al mundo; nuestro signo lunar puede considerarse como nuestros estados emocionales, cómo reaccionamos y dónde nos sentimos más seguros; y el ascendente es esencialmente la forma en que vemos o nos acercamos al mundo que nos rodea.

Las energías y colocaciones de los otros planetas durante los momentos de nuestro nacimiento también importan. A continuación se describe cada uno de los planetas y sus energías en términos de colocaciones astrológicas:

- Mercurio: pensar, escuchar, aprender.

- Venus: los valores, las posesiones, el proceso de relación (lo que queremos y cómo se atrae).

- Júpiter: abundancia, expansión, crecimiento.

- Saturno: miedo, restricción, disciplina, estructura, realidad.

- Urano: libertad, cambio repentino, agitación, inusual, excéntrico.

• Neptuno: fantasía, imaginación, creatividad, evasión, confusión, adicciones.

• Plutón: transformación, poder, cambio, regeneración.

Por el contrario, cuando se trata de nuestros signos (que también se denominan signos del zodiaco), hay muchos de ellos, todos los cuales pueden asociarse con nuestras fechas de nacimiento y las energías que los rodean.

A continuación se describen cada uno de los signos del zodiaco, así como las características que se relacionan con cada uno de ellos:

• Aries (21 de marzo-20 de abril): fuerza de voluntad, impulsividad, iniciativa, valor, energía, actividad. A menudo se precipita en las cosas.

• Tauro (21 de abril-20 de mayo): sensual, busca el placer, firme, centrado, puede ser obstinado, busca la seguridad.

• Géminis (21 de mayo-20 de junio): ingenioso, comunicativo, siempre en movimiento, le gusta aprender.

• Cáncer (21 de junio-20 de julio): emotivo, cariñoso, busca la seguridad y la cercanía, es una persona familiar. Tiende a retirarse cuando se siente amenazado.

• Leo (21 de julio-20 de agosto): glamour, generosidad, orgulloso y leal, dramático, seguro de sí mismo, organizador. Le gusta el centro del escenario.

• Virgo (21 de agosto-20 de septiembre): preciso, analítico, hace lo necesario, práctico. Puede ser un poco crítico.

• Libra (21 de septiembre-20 de octubre): sentido de la belleza y la proporción, tacto, busca el equilibrio y la armonía. Puede tener dificultades para tomar una decisión.

• Escorpio (21 de octubre-20 de noviembre): apasionados, penetrantes, situaciones extremas, transformación. Los detectives del zodiaco.

• Sagitario (21 de noviembre-20 de diciembre): espíritu libre, despreocupado, amor al movimiento, alegre, ve "el panorama general".

• Capricornio (21 de diciembre-20 de enero): resistente, tiene un sentido de propósito, orgulloso, ambicioso. Puede estancarse en el perfeccionismo.

• Acuario (21 de enero-20 de febrero): amable, humanitario, progresista, poco convencional. Puede parecer emocionalmente distante.

• Piscis (21 de febrero-20 de marzo): sensible, compasivo, servicial, sociable, adaptable. \

Asimismo, el último aspecto de la astrología son las casas, cada una de las cuales representa un ángulo de la vida humana. Hay doce casas, y cada una de ellas está vinculada a un signo zodiacal y a su correspondiente planeta.

Las siguientes casas existen como partes significativas de la astrología, y se mezclan con el zodiaco así como con el estado de los planetas:

• 1st Casa (Ascendente)/Aries/Marte-la personalidad individual. Junto con los signos solares y lunares, el ascendente es el aspecto más importante del horóscopo. El signo del principio de la primera casa significa mucho sobre la personalidad y la disposición de cada uno. Pinta una imagen sólida de nuestras reacciones intuitivas y demuestra cómo nos mostramos ante el mundo que nos rodea. Este planeta en particular se convierte en el "regente" de nuestras cartas astrológicas.

- ndCasa 2/Tauro/Venus-valores y posesiones. La segunda casa significa nuestras circunstancias, así como la forma en que manejamos nuestros bienes materiales. Es una casa de valores y, por lo tanto, indicará la forma en que nos valoramos o tratamos a nosotros mismos. Los problemas de autoestima pueden surgir en esta casa en particular.

- rdCasa 3/Géminis/Mercurio-comunicación. La tercera casa muestra la forma en que hablamos o nos comunicamos diariamente, la forma en que aprendemos en la escuela y las relaciones que formamos dentro de nuestras comunidades locales.

- 4 thCasa/Cáncer/Luna: raíces y orígenes. Esta casa explica nuestras raíces y orígenes, la casa en la que nos hemos criado y las circunstancias que han influido en nuestra infancia. Explica cómo nos relacionamos con la familia y nuestra disposición hacia el hogar. Se centra especialmente en la imagen de la relación con el padre.

- thCasa 5/Leo/Sol - placer y creatividad. Esta es la casa de la expresión creativa, ya sea a través de las artes, la cocina, el garaje o la maternidad. Esta casa en particular está ocupada por los sentimientos de los padres hacia sus hijos. Es la casa de los juegos amorosos más que del amor fuerte y comprometido.

- thCasa 6/Virgo/Mercurio-trabajo y rutina. Esta casa demuestra cómo somos capaces de manejar nuestro trabajo diario y la rutina. Significa lo disciplinados que somos cuando nos enfrentamos a la rutina, ya sea encadenados a ella o con una naturaleza muy desorganizada. También se relaciona con los temas de salud y la dieta.

- [th]Casa 7/Relación con Libra/Venus. Este signo descendente y los planetas que residen en la casa siete significan cómo somos capaces de elegir a nuestras parejas y describen las asociaciones que buscamos con más fuerza. Por lo general, nos sentimos más atraídos por aquellos cuyos horóscopos tienen un énfasis en la casa siete.

- [th]Casa 8/Escorpio/Pluto-Pérdida y propiedad común. La octava casa demuestra exactamente cómo respondemos a las posesiones comunes y a las pérdidas físicas. En la astrología tradicional, esta casa está relacionada con la muerte o con todo lo que está más allá de este reino. También tiene connotaciones con las cosas más oscuras y el estudio de la metafísica.

- Casa 10th (MC)/Capricornio/Saturno-ocupación y vocación. Esta casa influye en nuestras profesiones y llamadas personales en nuestra vida, pero también, en nuestro desarrollo como individuos, que será continuo.

- [th]Casa 11/Acuario/Urano-amigos y conocidos. La undécima casa explica exactamente cómo nos relacionamos con amigos y conocidos, así como con aquellos que ocupan puestos de autoridad, es decir, aquellos de los que podemos aprender significativamente. Demuestra nuestro papel en la sociedad, así como nuestros objetivos y aspiraciones personales.

- [th]Casa 12/Piscis/Neptuno: más allá de lo personal. Esta casa se ocupa tanto del escapismo como del aislamiento, así como del misterio y de la mente inconsciente. El sentido del sacrificio está relacionado con esta casa, pero es del tipo que está vinculado con la fuerza interior.

Capítulo 7: La escritura automática y sus usos modernos

La escritura automática, que es el proceso o el producto de escribir sin utilizar la mente consciente, es un método que se utiliza con frecuencia mientras el escritor está atrapado en un estado de trance. Sin embargo, algunos de los que utilizan este método están completamente despiertos y son conscientes de su entorno, pero no de las acciones de sus manos al escribir. La escritura automática, un componente clave de los movimientos espiritistas y de la Nueva Era, es una técnica que también implica la "canalización" de los espíritus y se ha producido con frecuencia en las sesiones de espiritismo. Durante el movimiento surrealista, la escritura automática era un juego al que jugaban los artistas para encender la creatividad y ayudarles a crear obras de arte originales. Además, la escritura automática se ha utilizado como método terapéutico en el psicoanálisis freudiano. Durante una sesión de escritura automática, los médiums suelen canalizar a los espíritus, permitiéndoles que guíen los lápices o planchetas, y luego elaboran los mensajes que los espíritus desean transmitir al mundo de los vivos. Mientras que la canalización permite que el espíritu se aproveche del cuerpo del médium para comunicarse, la posesión es muy diferente, ya que es involuntaria.

Hay muchos pasos para practicar con éxito la escritura automática. Uno de ellos es evitar todas las distracciones posibles. No podemos conectar bien con el yo interior o el mundo metafísico si tenemos cosas a nuestro alrededor que nos distraen. Es crucial que dejemos atrás cualquier preocupación terrenal y nos concentremos en nuestra mente subconsciente para establecer un vínculo más profundo con nuestro yo superior.

Entonces debemos elegir un ser espiritual en particular cuando comencemos. Esto funciona bien para quien acaba de empezar a establecer la capacidad psíquica. Es aconsejable comenzar escribiendo los nombres en trozos de papel o simplemente llamar a los espíritus por sus nombres. Sin embargo, es crucial seguir considerando al espíritu durante todo el proceso y mantener nuestras auras abiertas a ellos.

Después de esto, debemos trabajar con la mente clara. Se necesitará mucho tiempo y esfuerzo para alcanzar el estado mental adecuado y para que la escritura automática funcione de verdad. No importa lo que hagamos, nuestra mente está constantemente pensando. Es importante practicar la habilidad de desconectar el pensamiento analítico y, en su lugar, concentrarse únicamente en las fuerzas sobrenaturales. Si permitimos que estas fuerzas tomen el control de las cosas, entonces estaremos en un mejor estado para dejar que la escritura automática trabaje para nosotros. Una forma fuerte de tomar más control sobre nuestros procesos de pensamiento es practicar la meditación. Nos permite aclarar nuestra mente y nos ayuda a alinearnos con nuestros centros espirituales.

La escritura automática tiene muchos aspectos positivos. Algunos de ellos son:

- Obtienes orientación directa de tu Alma/Ser Superior

- Tendrás más claridad en tu vida diaria como resultado

- Mejora de la capacidad de tomar decisiones acertadas

- Tus habilidades intuitivas se agudizan, perfeccionan y desarrollan

- Puedes conectar con tus Guías Espirituales y sus perspectivas

- Te sientes apoyado y profundamente comprendido

- Mejora de la capacidad de confiar en sus instintos e intuición

Para tener éxito en la práctica de la escritura automática, es importante que demos los siguientes pasos:

- Coge un bolígrafo y un papel/abre un bloc de notas o un documento de Word

- Piensa en una pregunta para hacer

Cuanto más emotiva sea la pregunta, más claridad recibiremos al obtener una respuesta. También es crucial que dirijamos nuestras preguntas a alguien o a algo en concreto, como nuestras almas, un guía espiritual o nuestras mentes inconscientes.

Por ejemplo, nuestra pregunta podría ser: "Querida alma, ¿por qué sigo comprometiendo mi propia felicidad?". Para obtener las respuestas más claras, es mejor mantener las preguntas lo más sencillas posible.

- Escriba la pregunta

- Interpretar la información

Finalmente, la sesión llegará a su fin. A veces lo percibiremos por intuición, y otras veces, puede que dejemos de escribir de repente y no nos llegue más información.

Una vez que hayamos dejado de escribir, será importante repasar lo que hemos escrito y buscar frases coherentes o palabras clave que puedan destacar. En ocasiones, encontraremos patrones, y en algunos escenarios, palabras de otros idiomas.

- Relaje su cuerpo y su mente

Aprender a relajar la mente es uno de los aspectos más importantes de la escritura automática. Cuando nuestra mente está tranquila y desprovista de pensamientos, escribir en el impulso del momento se hace mucho más fácil.

Ejemplos de formas posibles de relajar la mente son: la meditación, la respiración profunda, la atención plena, la visualización y el yoga

- Dejar que la escritura fluya espontáneamente

Una vez que estamos preparados, podemos empezar a escribir. Al principio, es posible que no entendamos lo que las palabras intentan transmitir, pero aunque no sepamos lo que dicen, es una buena señal, ya que significa que estamos aprovechando algo que va más allá de nosotros mismos.

También es típico durante esta etapa juzgar y analizar lo que estamos escribiendo. Si encontramos que nuestra mente se involucra, es importante que volvamos a la práctica que utilizamos antes de entrar en el estado de trance. Por ejemplo, si respiramos rítmicamente, debemos volver a hacerlo.

Antes de empezar una sesión de escritura automática, es importante darse el tiempo suficiente para transmitir lo que hay que transmitir. Una forma segura de detener el flujo de información es la presión del tiempo y la expectativa poco realista de que debe tomar una cantidad específica de tiempo. La escritura automática puede durar entre dos minutos y una hora.

- Entra en un trance suave.

Un estado de trance es esencialmente un estado de conciencia alterada dentro del cerebro durante el cual nuestro "cerebro normal" se relaja. Para la escritura automática, entrar en trance es especialmente útil porque hace que fluya la información de forma espontánea.

Las formas más comunes de entrar en un estado de trance incluyen escuchar música, respiración yóguica/holotrópica, mantras, tareas repetitivas, meditaciones guiadas, autohipnosis, etc.

Sin embargo, la escritura automática es una habilidad que debemos desarrollar con paciencia y práctica, a no ser que tengamos un don natural para ello.

Capítulo 8: Cristales curativos y piedras de color

Los cristales y las piedras de colores tienen muchos usos modernos, sobre todo en los círculos de la Nueva Era. Cada cristal posee sus propios poderes y energías curativas. Los siguientes son ejemplos de cristales que se utilizan habitualmente:

● Cristal blanco/claro: cuarzo claro, selenita, apofilita, calcedonia blanca y piedra lunar.

Todos los cristales blancos se utilizan con fines de limpieza y purificación. El cuarzo claro, por ejemplo, se utiliza comúnmente por su poder para amplificar la energía de otros cristales, y la selenita se considera a menudo una limpieza para cualquier espacio. Los cristales que son claros/blancos suelen ser fáciles de conectar y son buenos para promover la paz y la tranquilidad. Son muy buenos para usar durante las meditaciones o para el trabajo energético.

● Cristales rojos: jaspe rojo, rubí, vanadinita, granate, rubelita.

Este tipo de cristal tiene que ver con la energía y el control. Nos hacen sentir "bombeados", apasionados y listos para pasar a la acción. Son los más intensos y crudos en energía.

● Cristales rosas: cuarzo rosa, rodocrosita, turmalina rosa, rodonita, ópalo rosa.

Este tipo de cristal nos motiva a ser cálidos, cariñosos y compasivos en nuestro corazón. Suave y emocionalmente curativo, el rosa es bueno para traer más amor y bondad a nuestras vidas. Es crucial meditar o llevar cristales rosas cuando se trata de asuntos del corazón, como el perdón, el romance, el amor propio o el amor a los demás.

● Cristales anaranjados: piedra del sol, cornalina, calcita naranja, cuarzo del aura de la puesta del sol, ámbar.

Este tipo de cristal está relacionado con cualquier actividad creativa, el entusiasmo o la sexualidad. Pueden aportar inspiración creativa, tanto si se utiliza para un proyecto artístico como en el dormitorio. Estos cristales también son útiles cuando se trata de reflexionar sobre transformaciones importantes en la vida. Cuando se trata de decisiones o elecciones importantes en la vida, este cristal puede ser de gran utilidad.

● Cristales amarillos: citrino, ónix dorado, calcita miel, jaspe amarillo, cuarzo azufre.

Los cristales amarillos tienen que ver con la autoexpresión, así como con ser brillantes, soleados y optimistas ante la vida. Son capaces de aportar energía positiva a cualquier situación y ayudan a los demás a ser su verdadero y auténtico yo. Además, los cristales amarillos pueden hacer que nuestras creencias sobre la autoestima sean mucho más fuertes, por lo que son capaces de hacernos sentir más seguros.

• Cristales verdes: malaquita, jade, peridoto, ágata musgosa, aventurina verde.

El verde, al ser el color de las plantas y del dinero, se utiliza con mayor frecuencia para manifestar la abundancia, la riqueza y la fortuna, y para apoyar nuestro crecimiento, ya sea de tipo espiritual, emocional o económico. El verde es también el color de la conexión con la naturaleza y con la energía de la tierra.

• Cristales azules: lapislázuli, aguamarina, ágata de encaje azul, larimar, azurita.

Los cristales azules pueden ser muy suaves, tranquilos y serenos. Pueden calmar nuestras emociones, pero también son muy poderosos. Significan claridad en la comunicación y honestidad en la expresión de uno mismo. Los azules aportan claridad y fuerza cuando se trata de hablar con sinceridad, valentía y honestidad con nosotros mismos y con los demás.

• Cristales morados: amatista, lepidolita, cuarzo espiritual, charoita, sugilita.

Los cristales de color púrpura están relacionados con la energía espiritual y la intuición. Nos permiten estar más conectados con los aspectos místicos de nosotros mismos, así como con nuestro yo superior. Los púrpuras pueden ayudarnos a estar más en sintonía con el reino espiritual divino, la creatividad o la espiritualidad en general.

• Cristales negros: obsidiana, turmalina negra, shungita, azabache, cianita negra.

Estos cristales eliminan toda la negatividad y el miedo. También encienden una fuerte sensación de seguridad física y emocional. A menudo se utilizan como "escudo" contra las auras/vibraciones negativas, y son útiles para hacer frente a situaciones angustiosas.

Capítulo 9: Continuación de adivinación: Cartas del Tarot

Dentro del mundo psíquico y entre varias tradiciones religiosas, la práctica de la adivinación se utiliza comúnmente para predecir o proporcionar una visión sobre las situaciones presentes. También pueden ser de naturaleza reflexiva, encendiendo sentimientos de sabiduría en relación con las luchas internas.

Una forma particular de adivinación muy utilizada hoy en día es el tarot. A menudo malinterpretado y temido por los forasteros que no están familiarizados con su verdadera naturaleza, hay muchos aspectos del tarot que en realidad pueden ser utilizados positivamente, y no necesitan ser predictivos en el fondo.

La historia del tarot es bastante compleja. Fechado en el siglo XVth y utilizado en muchas partes de Europa, originalmente se utilizaba como baraja para jugar a juegos como el tarocchini italiano, el tarot francés y el Konigrufen austriaco, que se siguen jugando hasta hoy.

A finales del [th]siglo XVIII, algunas de las barajas de tarot comenzaron a utilizarse con fines adivinatorios y de cartomancia, lo que dio lugar a barajas diseñadas específicamente para el mundo del ocultismo.

Al igual que las cartas normales, el tarot tiene cuatro palos: Varitas, Copas, Espadas y Pentáculos. Cada palo contiene 14 cartas: diez cartas de picos numeradas del uno (As) al diez, y cuatro cartas de caras (Rey, Reina, Caballero, y Jota/Torta/Page). La baraja del tarot también tiene un palo de triunfo separado de 21 cartas y una sola carta que se conoce como el Loco. Esta parte particular de la baraja de tarot se conoce como los Arcanos Mayores. Dependiendo del juego que se esté realizando, el Loco puede actuar como triunfo mayor o no. Las cartas del tarot se siguen utilizando hoy en día en toda Europa para jugar a juegos de cartas ordinarios sin ningún vínculo oculto.

En muchos países de habla inglesa, donde este tipo de juegos no se practica a menudo, y las cartas del tarot se utilizan principalmente con fines adivinatorios, normalmente utilizando barajas especialmente diseñadas. Algunos de los que utilizan el tarot para la cartomancia piensan que las cartas tienen vínculos con el antiguo Egipto, la Cábala, el Tantra indio o el I Ching, aunque las investigaciones no pueden confirmar ni desmentir esto.

En términos de uso oculto, Etteilla (Jean-Baptiste Alliette), fue el primero en distribuir una baraja de tarot especialmente diseñada para estos fines alrededor del año 1789. Dado que Etteilla deseaba mantenerse en línea con la creencia de que las cartas provenían del Libro de Thoth, el tarot de Etteilla contenía temas que eran relevantes para el antiguo Egipto.

La baraja de tarot de 78 cartas que utilizaban los esoteristas contenía dos partes principales:

• Los Arcanos Mayores (secretos mayores), o cartas de triunfo, que contienen 22 cartas sin palo: El Mago, La Suma Sacerdotisa, La Emperatriz, El Emperador, El Hierofante, Los Enamorados, El Carro, La Fuerza, El Ermitaño, La Rueda de la Fortuna, La Justicia, El Ahorcado, La Muerte, La Templanza, El Diablo, La Torre, La Estrella, La Luna, El Sol, El Juicio, El Mundo y El Loco. Las cartas desde El Mago hasta El Mundo están numeradas en números romanos del I al XXI, y el Loco es la única carta sin numerar, a veces colocada al principio como 0, o al final como XXII.

• Los Arcanos Menores (secretos menores) contienen 56 cartas, divididas en 4 palos de 14 cartas cada uno: Diez cartas numeradas y cuatro cartas de la corte. Las cartas son el Rey, la Reina, el Caballero y el Paje/Jack, en cada uno de los cuatro palos del tarot. Los palos tradicionales del tarot italiano son las espadas, los bastones, las monedas y las copas. En las barajas modernas de ocultismo, los bastones se denominan varitas, varas o pentagramas, mientras que las monedas se llaman pentáculos o discos.

Algunas barajas existen principalmente por las ilustraciones, mientras que otras sólo tienen los 22 Arcanos Mayores. Los tres mazos más comunes que se utilizan son el Tarot de Marsella, el mazo de tarot Rider-Waite-Smith y el mazo de tarot Thoth.

Aleister Crowley, que construyó la baraja de Thoth junto con Lady Frieda Harris, dice del tarot: "El origen de esta baraja es muy oscuro. Algunas autoridades pretenden remontarlo hasta los antiguos Misterios egipcios; otras tratan de adelantarlo hasta el siglo XV o incluso el XVI ... [pero] La única teoría de interés final sobre el Tarot es que se trata de un admirable cuadro simbólico del Universo, basado en los datos de la Santa Cábala."

Hay muchos significados diferentes de las cartas del tarot. Aunque el significado de cada carta es específico para situaciones individuales, hay significados generales que se aplican a cada una de las cartas en sí. Tienen significados tanto verticales como invertidos.

Cuando se recibe una lectura, o se realiza una lectura sobre uno mismo, se deben barajar las cartas, y a continuación se reciben los significados.

Los siguientes pueden ser descritos como significados comunes para cada una de las cartas, dependiendo de si las cartas son extraídas en posición vertical, o al revés, que llamamos invertida:

• **El Loco.** Vertical: comienzos, inocencia, espontaneidad, espíritu libre.

Invertido: contención, imprudencia, riesgo.

El Loco puede existir tanto al principio como al final del viaje de la vida de uno, y por lo tanto, no necesita un número porque siempre existe. En la carta del Loco, un joven está al borde de un acantilado, sintiéndose muy despreocupado mientras se lanza a nuevas aventuras. Está observando el cielo hacia arriba y parece no ser consciente de que está a punto de adentrarse en territorio desconocido. En su hombro lleva una mochila con todo lo que necesita, que no es mucho. La rosa blanca que lleva en la mano izquierda significa pureza e inocencia; a sus pies hay un pequeño perro blanco, que simboliza la lealtad y la protección y que le motiva a seguir adelante y a aprender las lecciones que le corresponden. Las montañas que están detrás del Loco representan los retos que están por venir, que siempre están ahí, pero al Loco no parecen importarle por el momento porque está más centrado en volver a empezar.

• **El mago.** Vertical: Manifestación, ingenio, poder, acción inspirada.

Invertido: Manipulación, mala planificación, talentos no aprovechados.

La carta del Mago es el número uno, que significa nuevos comienzos y oportunidades, y está vinculada con el planeta Mercurio. Está de pie con un brazo estirado hacia el universo y el otro apuntando hacia la tierra. La forma en que está colocado significa su vínculo entre los reinos espirituales y los reinos materiales. El Mago utiliza esta relación para manifestar sus objetivos en la realidad material. Es la fuente que convierte la energía en materia. Su túnica es blanca, que significa pureza, y su manto es rojo, que simboliza el conocimiento y la experiencia mundanos.

Sobre la mesa, frente a él, se encuentran los cuatro símbolos de los palos del Tarot: la copa, el pentáculo, la espada y la varita, que representan uno de los cuatro elementos: agua, tierra, aire o fuego. Esto también significa que posee todas las herramientas necesarias para manifestar sus deseos en la realidad. Sobre su cabeza está el símbolo del infinito, y alrededor de su cintura hay una serpiente que se muerde la cola, lo que significa que tiene acceso ilimitado a un potencial no explotado. En primer plano hay una gran cantidad de flores, que representan el florecimiento de sus propias ideas y objetivos.

• **La Gran Sacerdotisa.** Vertical: Intuición, conocimiento sagrado, divino femenino, la mente subconsciente.

Invertida: Secretos, desconexión de la intuición, retraimiento y silencio.

En esta carta, la Suma Sacerdotisa está sentada delante de un fino velo adornado con granadas. El velo significa la separación entre la mente consciente y la subconsciente, los reinos vistos y los no vistos, y se comporta como una forma de mantener fuera a los curiosos. Sólo se permite la entrada a los "iniciados". Las granadas del velo son símbolos de la abundancia, la fertilidad y la divinidad femenina, y siguen siendo sagradas para Perséfone, que en la mitología griega consumió una semilla de granada en el inframundo y fue obligada a regresar cada año.

A cada lado de la Suma Sacerdotisa hay dos pilares que marcan la entrada a este templo sagrado y místico, que también está relacionado con el Templo de Salomón. Uno de los pilares es negro con la letra B (Boaz, que significa "en su fuerza"), y el otro es blanco con la letra J (Jachin, que significa "él establecerá"). Los pigmentos blanco y negro de los pilares representan la dualidad -masculino y femenino, oscuridad y luz-, lo que sugiere que es necesario conocer y aceptar la dualidad para entrar en este espacio sagrado.

La Suma Sacerdotisa va adornada con una túnica azul con una cruz en el pecho y una diadema con cuernos (corona), símbolo tanto de su conocimiento divino como de su condición de gobernante divina. En su regazo lleva un pergamino con las letras TORA, que sugieren la Ley Mayor. Está parcialmente cubierto, lo que sugiere que este conocimiento sagrado es tanto implícito como explícito, y que se desvelará cuando el estudiante esté dispuesto a ir más allá de este mundo material. La luna creciente a sus pies simboliza su conexión con lo divino femenino, su intuición y su mente subconsciente, los ciclos lunares naturales.

• **La Emperatriz.** Vertical: La feminidad, la belleza, la naturaleza, la crianza, la abundancia.

Invertido: Bloqueo creativo, dependencia de los demás.

La Emperatriz es una mujer hermosa, de figura completa, con el pelo rubio y un aura tranquila. Lleva una corona en la cabeza que contiene doce estrellas, lo que demuestra su conexión con el reino místico, así como con los ciclos del mundo natural (los doce meses del año y los doce planetas). Su túnica tiene dibujos de granadas, que simbolizan la fertilidad, y está sentada sobre un lujoso conjunto de cojines y terciopelo rojo. Uno de los cojines contiene el símbolo de Venus, que es el planeta del amor, la creatividad, la fertilidad, la belleza y la gracia, y también el corazón de la Emperatriz.

Un hermoso y frondoso bosque y un sinuoso arroyo rodean a la Emperatriz, sugiriendo su vínculo con la Madre Tierra y la vida en su conjunto. Los árboles y el agua le transmiten serenidad y la energía de la naturaleza la repone. En el primer plano, el trigo dorado crece en la tierra, lo que refleja la abundancia de una cosecha reciente.

- **El Emperador.** Vertical: Autoridad, establecimiento, estructura, figura paterna.

Invertida: Dominación, control excesivo, falta de disciplina, inflexibilidad.

El Emperador es el arquetipo del Padre de la baraja del Tarot, al igual que la Emperatriz es el arquetipo de la Madre. Está sentado en un gran trono de piedra, con cuatro cabezas de carnero (símbolo de su conexión con Aries y el planeta Marte). En su mano derecha, el Emperador posee un ankh, el símbolo egipcio de la vida, y en la izquierda, sostiene un orbe, que simboliza el mundo sobre el que gobierna.

Lleva una túnica roja, que sugiere su poder, su pasión y su celo por la vida. Debajo de ella, lleva una armadura, lo que significa que está protegido de cualquier amenaza (o de cualquier otra respuesta emocional o vulnerabilidad). Su larga barba blanca simboliza su sabiduría y experiencia, y con su corona dorada, es una figura de autoridad que exige ser escuchada.

Detrás de su trono se encuentra una alta cadena montañosa, lo que sugiere que tiene unos cimientos sólidos y que no hace ningún cambio hasta que lo considera totalmente necesario. Debajo de las cumbres hay un pequeño río, lo que da la esperanza de que, a pesar de su rígido exterior, sigue siendo bastante emotivo; simplemente habrá que profundizar y confiar en él para que se abra y demuestre que tiene un lado más suave.

* **El Hierofante.** Vertical: Sabiduría espiritual, creencias religiosas, conformidad, tradición, instituciones.

Invertido: Las creencias personales, la libertad, el desafío al statu quo.

El Hierofante actúa como la contraparte masculina de la Gran Sacerdotisa. En algunos mazos de Tarot, se le conoce como el Papa o el Maestro y está regido por Tauro.

El Hierofante es un individuo religioso que se sienta entre dos pilares de un templo sagrado, aunque este templo en particular es diferente al que se sienta la Suma Sacerdotisa. Lleva tres túnicas (roja, azul y blanca) y una corona de tres niveles (el consciente, el subconsciente y el superconsciente). Lleva una cruz papal en la mano izquierda, una varita triple que simboliza su estatus religioso. Levanta la mano derecha para dar una bendición religiosa, con dos dedos que apuntan hacia el Cielo y dos que apuntan hacia la Tierra.

Dos seguidores se arrodillan ante él. La misión del Hierofante es, ante todo, transmitir su sabiduría espiritual e iniciar a los dos adeptos en la iglesia para que puedan asumir los papeles que les corresponden. Esta imagen hace referencia a una identidad de grupo compartida y a un rito de paso para pasar al siguiente nivel. Las llaves en forma de cruz a los pies del

Hierofante significan el equilibrio entre las mentes subconsciente y consciente y la revelación de los misterios, que sólo él puede enseñar.

● **Los amantes.** De pie: Amor, armonía, relaciones, alineación de valores, elecciones.

Invertido: Amor propio, desarmonía, desequilibrio, desajuste de valores.

La carta de los Enamorados muestra a un hombre y una mujer desnudos que se encuentran bajo un ángel, Rafael, cuyo nombre significa "Dios cura" y significa tanto la curación física como la emocional. El ángel bendice al hombre y a la mujer y les recuerda su conexión con lo divino.

El hombre y la mujer están de pie dentro de un hermoso y fértil paisaje, que recuerda al Jardín del Edén. Detrás de la mujer hay un alto manzano, con una serpiente que se arrastra por el tronco. La serpiente y el manzano simbolizan la tentación de los placeres sexuales que pueden desviar la atención de lo divino. Detrás del hombre hay un árbol de llamas, que representa la pasión, la principal preocupación del hombre. Las doce llamas significan los doce signos del zodiaco, símbolo máximo del tiempo y la eternidad. El hombre mira hacia la mujer, que observa al ángel, transmitiendo el camino del consciente al subconsciente y al superconsciente, o del deseo físico a las necesidades emocionales y a las preocupaciones espirituales.

La montaña volcánica del fondo transmite una explosión de pasión, de carácter bastante sexual, que se produce cuando el hombre y la mujer se encuentran desnudos.

• **El carro.** Vertical: control, fuerza de voluntad, éxito, acción, determinación.

Invertido: autodisciplina, oposición, falta de dirección.

La carta del Carro transmite un valiente guerrero de pie dentro de un carro. Está adornado con una armadura que está decorada con lunas crecientes (que transmite lo que llega a ser), una túnica con un cuadrado (la fuerza de voluntad) y otros símbolos alquímicos (la transformación espiritual). La corona de laurel y estrellas simboliza la victoria, el éxito y la evolución espiritual. Aunque parece que conduce el carro por sí mismo, el auriga no lleva riendas -simplemente una varita como la del Mago-, lo que representa que controla mediante la fuerza y la voluntad de su mente.

El auriga se mantiene erguido, dado que es partidario de pasar a la acción y avanzar desde ahí. Sobre su cabeza hay un dosel de estrellas de seis puntas, que representa su vínculo con los reinos etéreos y la voluntad divina. Delante del carro hay una esfinge blanca y negra, que simboliza la dualidad, lo positivo y lo negativo, y las fuerzas a veces conflictivas. Las esfinges tiran la una de la otra en direcciones opuestas, pero el cuadriguero utiliza su fuerza de voluntad y su fuerza interior para impulsar el carro hacia la dirección que desea.

Detrás de la carroza hay un ancho río, que representa la necesidad de "estar en la corriente" con el ritmo de la vida, al tiempo que avanzamos rápidamente hacia nuestras metas y objetivos.

• **La fuerza.** Vertical: fuerza, valor, persuasión, influencia, compasión.

Invertido: dudas, baja energía, emoción cruda.

En la carta de la Fuerza, una mujer acaricia suavemente a un león en la frente y la boca. Aunque es conocido por su ferocidad, la mujer ha domesticado a este león salvaje con su energía pacífica y compasiva. El león simboliza las pasiones y los deseos en bruto, y la mujer demuestra que el instinto animal y la pasión en bruto pueden mostrarse de forma beneficiosa cuando se utilizan la fuerza interior y la tenacidad. No utiliza la fuerza de ningún tipo, sino que canaliza su fuerza interior para calmar e influir sutilmente en el león.

La mujer está adornada con una túnica blanca, que demuestra su espíritu puro, y un cinturón y una corona de flores que significan la expresión más completa y hermosa de la naturaleza. Sobre su cabeza se encuentra el símbolo del infinito, que transmite su infinito potencial y sabiduría.

- **El Ermitaño.** Vertical: búsqueda del alma, introspección, soledad, guía interior.

Invertido: aislamiento, retraimiento, soledad.

El Ermitaño está completamente solo en la cima de una montaña. La cordillera nevada demuestra su astucia y dominio espiritual, su crecimiento personal y su éxito. Se ha decidido por este camino de autorrealización y autodescubrimiento y, como resultado, ha alcanzado un estado de conciencia elevado.

En su mano derecha lleva un farol con una estrella de seis puntas en su interior, que es el Sello de Salomón, un sello de sabiduría. A medida que el Ermitaño avanza por su camino, la lámpara le ilumina el camino, pero sólo le muestra sus próximos pasos, en lugar de todo el recorrido. Debe avanzar para observar hacia dónde ir a continuación, plenamente consciente de que no se mostrará todo de una vez. En su mano izquierda, el lado de la mente subconsciente, el Ermitaño lleva una larga vara (símbolo de su poder y autoridad), que utiliza para guiarse y mantenerse en equilibrio.

• **Rueda de la Fortuna.** Vertical: buena suerte, karma, ciclos vitales, destino, punto de inflexión.

Invertido: mala suerte, resistencia al cambio, ruptura de ciclos.

La carta de la Rueda de la Fortuna muestra una rueda gigante, con tres figuras en los bordes exteriores. Cuatro letras hebreas -YHVH (Yod Heh Vau Heh), el nombre no pronunciado de Dios- están grabadas en la cara de la rueda. También están las letras TORA, consideradas una versión de la palabra "Torah", que significa "ley", o "Tarot", incluso "ROTA" (rueda en latín). La rueda del medio posee los símbolos alquímicos del mercurio, el azufre, el agua y la sal -los componentes de la vida y los cuatro elementos- y representa el poder formativo.

En el exterior hay una serpiente, el dios egipcio Tifón (el dios del mal) que desciende por el lado izquierdo. La serpiente también significa la energía vital que desciende al mundo material. En el lado derecho aparece el dios Anubis, el dios egipcio de los muertos que introduce las almas en el inframundo. En la parte superior de la rueda está la Esfinge, que significa conocimiento y fuerza.

En las esquinas de la carta de la Rueda de la Fortuna aparecen cuatro criaturas aladas, cada una de ellas relacionada con los cuatro signos fijos del zodiaco: el ángel es Acuario, el águila es Escorpio, el león es Leo y el toro es Tauro. Sus alas representan la estabilidad en medio del movimiento y la transformación, y cada una de ellas lleva la Torá, que contiene la sabiduría.

• **Justicia.** Recto: justicia, equidad, verdad, causa y efecto, ley.

Invertido: injusticia, falta de responsabilidad, deshonestidad.

La imagen de la Justicia se sitúa delante de un velo púrpura suelto, que representa la misericordia, y entre dos pilares, parecidos a los que enmarcan a la Gran Sacerdotisa y al Hierofante, que representan el equilibrio, la estructura y la ley.

Sostiene una espada en su mano derecha, demostrando la mentalidad racional y ordenada que se requiere para impartir justicia. La espada va hacia arriba, marcando una elección firme y rígida, y la hoja de doble filo muestra que nuestras acciones siempre tienen consecuencias. La balanza en su mano izquierda, que representa la intuición, demuestra que ésta debe estar equilibrada con la lógica, y existe como símbolo de su falta de parcialidad. La Justicia lleva una corona con un pequeño cuadrado que significa pensamientos ordenados, y una túnica roja con un manto verde. Un pequeño zapato blanco sale de debajo de su ropa como recordatorio de que nuestros actos tienen consecuencias espirituales.

• **El ahorcado.** Vertical: pausa, rendición, soltar, nuevas perspectivas.

Invertido: retrasos, resistencia, estancamiento, indecisión.

El Colgado muestra a un hombre suspendido de una cruz en forma de T compuesta de madera viva. Está colgado boca abajo, observando el mundo desde un punto de vista totalmente nuevo, y su rostro es tranquilo, lo que sugiere que se encuentra en esta posición colgante por su propia voluntad. Tiene un halo alrededor de la cabeza, lo que significa una nueva visión, conciencia e iluminación. Su pie derecho está unido al árbol, pero el izquierdo está suelto, doblado por la rodilla y metido detrás de la pierna derecha. Tiene los brazos doblados y las manos detrás de la espalda, formando un triángulo invertido. El hombre lleva pantalones rojos, que simbolizan la pasión y el cuerpo humanos. El Colgado es una búsqueda de la entrega definitiva, de la suspensión en el tiempo, y del martirio y el sacrificio por el bien mayor.

- **La muerte.** Vertical: finales, cambio, transformación, transición.

Invertido: resistencia al cambio, transformación personal, purga interior.

La carta de la Muerte ilustra al Mensajero de la Muerte: un esqueleto vestido de negro que monta un caballo negro. El esqueleto simboliza la parte del cuerpo que sobrevive mucho tiempo después de que la vida lo haya abandonado; la armadura significa la invencibilidad, y que la muerte llega pase lo que pase. El color oscuro es el del luto, la pena y lo misterioso, mientras que el caballo es el símbolo de la pureza y actúa como símbolo de fuerza y poder. La muerte posee una bandera negra que está adornada con una rosa blanca de cinco pétalos, que representa la belleza, la purificación y la inmortalidad, mientras que el número cinco sugiere la transformación. Ambos símbolos sugieren que la muerte no es sólo el final de la vida. La muerte es tanto el final como el comienzo, el nacimiento y el renacimiento, el cambio y la transformación. Hay un cierto tipo de belleza que se puede encontrar en la muerte, y es una parte de estar verdaderamente vivo.

Una figura real parece estar muerta en el suelo, mientras que una mujer joven, un niño y un obispo ruegan a la figura esquelética que salve sus vidas. Pero, por desgracia, la muerte es inevitable.

En el fondo, una barca fluye por el río, similar a las barcas mitológicas que llevan a los muertos al más allá. En el horizonte, el sol se pone entre dos torres (que también se manifiestan en la carta del Tarot de la Luna). Así que, en cierto sentido, están muriendo cada noche, y renaciendo cada mañana.

● **Templanza.** Recto: equilibrio, moderación, paciencia, propósito.

Invertido: desequilibrio, exceso, autocuración, realineación.

La carta de la Templanza transmite un ángel grande y alado que tiene rasgos tanto masculinos como femeninos. Está adornada con una túnica azul claro con un triángulo encerrado en un cuadrado en la parte delantera, lo que demuestra que los humanos (el triángulo) están vinculados a la Tierra y a la ley natural (cuadrado). El ángel está en equilibrio con un pie sobre las rocas, lo que representa la necesidad de estar conectado a tierra, y con un pie en el agua, lo que transmite la necesidad de fluir. Vierte agua entre dos copas, lo que simboliza la alquimia y el flujo de la vida.

En el fondo, hay un camino sinuoso que asciende por la cordillera, lo que transmite el viaje por la vida. Por encima de las montañas se cierne una corona dorada envuelta en una luz brillante, que representa la toma del camino más elevado en la vida y la fidelidad al propósito, los objetivos y el sentido de la vida.

* **El Diablo.** Derecho: sombra del yo, apego, adicción, restricción, sexualidad.

Invertido: liberación de creencias limitantes, exploración de pensamientos oscuros, desapego.

La carta del Diablo muestra a Baphomet, o la Cabra Cornuda de Mendes, que es una criatura que es en parte hombre y en parte cabra. Inicialmente, Baphomet significaba el equilibrio entre el bien y el mal, el hombre y la mujer, y el ser humano y el animal. Sin embargo, más recientemente, la criatura se ha relacionado con el ocultismo y se ha convertido en el chivo expiatorio de todas las cosas acuñadas como "mal".

El Diablo posee las alas de un murciélago vampiro, una criatura que succiona la sangre vital de su presa, lo que significa lo que ocurre cuando cedemos a nuestros deseos más crudos. Posee una mirada hipnótica y cautiva a quienes se acercan a él, sometiéndolos a su poder. Sobre él hay un pentagrama invertido, que es un signo del lado más oscuro de la magia y el ocultismo. Levanta la mano derecha en el saludo de Vulcano, que es una bendición judía. Lleva una antorcha en la mano izquierda.

Un hombre y una mujer están a los pies del Diablo, ambos desnudos y encadenados al podio sobre el que se sienta el Diablo. El hombre y la mujer parecen estar retenidos allí contra su voluntad, pero si uno echa un vistazo más de cerca, las cadenas pueden quitarse fácilmente. Cada uno de ellos tiene pequeños cuernos en la cabeza, similares a los del diablo, lo que es un símbolo de que se están pareciendo más a él cuanto más tiempo permanecen allí. Ambos poseen colas, lo que es un gran símbolo de sus hábitos animales y de sus instintos crudos, y las uvas y el fuego de sus colas transmiten un placer lujurioso.

• **La Torre.** Vertical: cambio repentino, agitación, caos, revelación, despertar.

Invertido: transformación personal, miedo al cambio, evitar el desastre.

La carta de la Torre muestra una alta torre que se asienta sobre una montaña rocosa. Un rayo cae sobre el edificio y dos personas saltan desde las ventanas, con la cabeza por delante y los brazos extendidos. Es un lugar de caos y destrucción.

La Torre es una estructura sólida, pero como se ha construido sobre cimientos poco firmes, sólo hace falta un rayo para derribarla. Significa ambiciones y objetivos que se han construido sobre falsas promesas.

El rayo simboliza una oleada repentina de energía y perspicacia que conduce a un avance o revelación repentinos. Entra por la parte superior de un edificio y derriba la corona, que representa la energía que fluye hacia abajo desde el Universo, a través del chakra de la corona. Todas las personas se mueren por escapar del edificio en llamas, sin saber lo que les espera al caer. A su alrededor hay 22 llamas, que significan los 12 signos del zodiaco y los 10 puntos del Árbol de la Vida, lo que significa que, incluso en tiempos desastrosos, siempre hay esperanza de intervención divina.

• **La estrella.** En posición vertical: esperanza, fe, propósito, renovación, espiritualidad.

Invertido: falta de fe, desesperación, autoconfianza, desconexión.

La Estrella muestra a una mujer desnuda que se arrodilla al borde de un pequeño estanque. Posee dos recipientes de agua: uno en la mano izquierda (el subconsciente) y otro en la derecha (el consciente). Vierte el agua para reponer la tierra y continuar el ciclo de fertilidad, simbolizado por la exuberante vegetación que la rodea. El otro recipiente vierte el agua en tierra firme en cinco riachuelos, que representan cada uno de los cinco sentidos.

La mujer tiene un pie en el suelo, lo que representa su capacidad práctica y su fuerte sentido común, mientras que el otro pie está en el agua, lo que simboliza su intuición y sus recursos internos, o la escucha de su propia voz interior. Está completamente desnuda, lo que simboliza su vulnerabilidad y pureza bajo la completa inmensidad del cielo estrellado. Detrás de ella brilla una estrella, que representa el núcleo de lo que es, y hay siete estrellas más pequeñas, que representan los siete chakras.

• **La Luna.** Vertical: ilusión, miedo, ansiedad, subconsciente, intuición.

Invertida: liberación del miedo, emoción reprimida, confusión interior.

La carta de la Luna representa una luna llena en el cielo nocturno, sostenida entre dos enormes torres. La Luna representa la intuición, los sueños y el estado inconsciente de la mente. La luz es menguante en comparación con el sol, y apenas refleja el camino hacia la conciencia superior que serpentea entre las dos torres.

En primer plano hay un pequeño estanque, que significa la naturaleza acuosa de la mente subconsciente. Un pequeño cangrejo de río sale del estanque, lo que representa las primeras etapas de la conciencia que se desarrolla. Un perro y un lobo se encuentran en el campo de hierba, que representan tanto la faceta salvaje como la domesticada de nuestra mente.

● **El Sol.** En posición vertical: positividad, diversión, alegría, éxito, vitalidad.

Invertido: niño interior, sentirse deprimido, demasiado optimista.

La carta del Sol no refleja más que pura calidez, optimismo y positividad. En el cielo brilla un gran y brillante orbe de sol, que refleja la fuente de vida de toda la Tierra. Debajo de él, cuatro girasoles crecen por encima de una pared de ladrillos, que simbolizan los cuatro palos de los Arcanos Menores y los cuatro elementos.

En primer plano, hay un niño joven y desnudo que está sentado encima de un caballo blanco y sereno. El niño representa la alegría y la felicidad de la conexión con nuestros espíritus interiores, y su desnudez sirve para recordar que no tiene nada que ocultar y que conserva toda la inocencia y la pureza de su infancia. Además, el caballo blanco simboliza la pureza y la fuerza.

● **Juicio.** Derecho: juicio, renacimiento, llamada interior, absolución.

Invertido: duda, crítica interior, ignorar la llamada.

La carta del Juicio Final muestra a hombres, mujeres y niños desnudos que se levantan de sus tumbas, con los brazos extendidos y mirando al cielo. Arriba, el Arcángel Gabriel -el Mensajero de Dios- hace sonar su trompeta. Todos responden a su llamada, aceptando el juicio, para saber si serán aceptados en el cielo o no. En el fondo hay una cordillera que simboliza los obstáculos y la inevitabilidad de evitar el juicio.

• **El mundo.** Vertical: finalización, integración, realización, viaje.

Invertido: búsqueda de cierre personal, atajos, retrasos.

La carta del Mundo muestra a una mujer desnuda, envuelta en una tela púrpura, bailando dentro de una gran corona de laurel. Mira hacia atrás, hacia su pasado, mientras su cuerpo avanza en dirección contraria al futuro. Sostiene dos varitas o bastones en sus manos, como la que sostiene el Mago. Esto simboliza el hecho de que el Mundo ha completado lo que el Mago ha comenzado. La corona es circular, lo que representa un ciclo constante de finalización y nuevos comienzos, ya que, a medida que la mujer atraviesa la corona, está completando una fase pero comenzando otra casi inmediatamente.

Alrededor de la corona hay cuatro figuras (un león, un toro, un querubín y un águila), que son similares a las de la Rueda de la Fortuna. Tanto el Mundo como la Rueda de la Fortuna significan la naturaleza cíclica de la vida y el modo en que progresamos en ella. Las cuatro figuras representan los cuatro signos fijos del zodiaco: Leo, Tauro, Acuario y Escorpio. Representan los cuatro elementos, los cuatro palos del Tarot, los cuatro puntos cardinales, las cuatro estaciones y las cuatro esquinas del Universo. Existen para guiarnos de una fase a otra, aportando el equilibrio y la armonía definitivos a nuestros viajes.

Palabras finales

Aunque hay varias formas de aprovechar nuestras habilidades psíquicas, muchos siguen optando por no creer en el poder y la autoridad de estos métodos. Existen muchas técnicas para acceder al reino psíquico, aunque se necesita mucho tiempo y esfuerzo para desarrollar estas habilidades.

A pesar de que la ciencia y la cultura tienden a cuestionar la naturaleza del mundo psíquico, es importante que seamos conscientes y permanezcamos en sintonía con nuestro ser espiritual si deseamos abrirnos a ese reino. La ciencia y la espiritualidad como disciplinas pueden parecer estar en conflicto, pero parece que, en algunos casos, permanecen en armonía, y es entonces cuando nuestras verdaderas habilidades psíquicas tienden a abrirse.

El reino psíquico puede referirse a muchas subcategorías, y una de ellas es la mediumnidad. Si queremos convertirnos en médiums, primero debemos ser verdaderamente psíquicos. La mediumnidad se caracteriza por la capacidad de comunicarse con los muertos para obtener información sobre este mundo actual, mientras que ser psíquico puede estar más relacionado con el alma o la mente humana, lo que significa que es altamente sensible a las fuerzas sobrenaturales. Este término es sinónimo de ser profético o clarividente.

El Reiki es otro aspecto de ser potencialmente psíquico, aunque no se limita a ello. La autocuración es una faceta enorme del Reiki, aunque la curación de otro puede surgir potencialmente de esta práctica. Durante el Reiki, utilizamos la energía de la fuerza vital universal (algunos la denominan "Dios" o "el Absoluto") para sanar los chakras y obtener una visión de lo que necesita ser limpiado energéticamente de nuestros cuerpos espirituales.

La adivinación también puede hacer uso de las capacidades psíquicas. Se trata de un método que permite comprender determinadas situaciones y predecir el futuro basándose en los hábitos o patrones de vida actuales. Las técnicas de adivinación varían, pero las más comunes son el Tarot, la astrología o la tabla Ouija.

La astrología puede proporcionar una gran cantidad de sabiduría cuando se trata del desarrollo psíquico. Conocida como una forma de adivinación que se basa en el estudio del movimiento de los cuerpos celestes, hay muchas energías y colocaciones de cada uno de los planetas que juegan un papel importante en el descubrimiento de nuestra verdadera capacidad para entender el mundo psíquico. Los doce signos del zodiaco basados en nuestras cartas natales también desempeñan un papel en esto.

La escritura automática nos permite formular nuevos conocimientos sobre el mundo psíquico y sobre el mundo que nos rodea de formas que pueden no ser obvias para nuestras mentes conscientes. Dado que estamos canalizando espíritus, puede que no tengamos una comprensión activa del conocimiento que estamos adquiriendo sobre el mundo psíquico, pero sin embargo está ahí.

Los cristales, al igual que la energía Reiki, nos ayudan a entrar en contacto con las energías curativas que están incrustadas en ellos. Si nos concentramos en ellos durante el tiempo suficiente, entonces tendrán propiedades distintas basadas en los colores y características individuales que cada uno de ellos posee. Esto mejorará también nuestras habilidades psíquicas.

La lectura de las cartas del Tarot, una forma más específica de adivinación, nos permite ponernos en contacto con nuestro yo superior, así como descubrir más información y conocimiento, ya sea sobre nuestro yo interior o las circunstancias externas que nos rodean. Aunque cada baraja de Tarot es única, todas tienen el denominador común de los Arcanos Mayores y los Arcanos Menores. Aunque hoy en día se asocian comúnmente con el mundo del ocultismo, también se pueden relacionar con el desarrollo de habilidades psíquicas.

Gracias por leer este libro. Si ha sido un beneficio para usted de alguna manera, o si ha obtenido algún tipo de conocimiento al leerlo, por favor tómese el tiempo para dejar una reseña en Amazon. Sepa y comprenda que aunque no todos crean en el mundo del desarrollo psíquico, es innegable que existe. Te felicito por aprender más sobre las diferentes habilidades psíquicas, y te deseo la mejor de las suertes en tu viaje espiritual.

Printed by BoD™in Norderstedt, Germany